ACTES DU MARTYRE

DES

TROIS SS. FRÈRES JUMEAUX

SPEUSIPPE, ÉLÉOSIPPE, MÉLASIPPE

ET LEURS COMPAGNONS,

SELON WARNAHAIRE,

TRADUITS EN FRANÇAIS

PAR M. L'ABBÉ F.....

LANGRES,

LAURENT FILS ET C.ie, IMPRIMEURS DE L'ÉVÊCHÉ.

M. DCCC. XLIV.

ACTES DU MARTYRE

DES

TROIS SS. FRÈRES JUMEAUX

SPEUSIPPE, ÉLÉOSIPPE, MÉLASIPPE

ET LEURS COMPAGNONS,

SELON WARNAHAIRE,

TRADUITS EN FRANÇAIS

PAR M. L'ABBÉ F.....

LANGRES,

LAURENT FILS ET C.ie, IMPRIMEURS DE L'ÉVÊCHÉ.

———

M. DCCC. XLIV.

AUX FIDÈLES DE St GEÔMES.

En mettant en français les Actes des Martyrs, qui font la gloire de notre pays, j'ai voulu surtout vous être utile. Les SS. Jumeaux ont sanctifié par leurs glorieux combats le lieu que vous habitez, et leurs précieuses Reliques y reposent pour vous être un gage de leur protection. Aussi tout ce qui vous parle d'eux va droit à votre cœur. Ce petit livre, qui vous mettra sous les yeux leur courage, leurs mérites, leur gloire, ne peut donc que vous être très-agréable. Vous le lirez; vous le ferez lire dans vos familles. Car vous voulez transmettre à vos enfants l'héritage que vous avez reçu de vos pères, la confiance et la dévotion aux SS. Jumeaux. Vous désirez que vos descendants environnent toujours de la vénération, que la foi inspirait à vos ayeux, les saintes Reliques que vous possédez. J'espère de la bonté divine que l'édifiante

A 2

histoire de leur martyre, mise dans la langue que vous comprenez tous, secondera vos pieuses intentions.

Pour encourager votre foi, ranimer votre confiance, je vous rappelle aussi et vous propose l'exemple des temps qui se sont écoulés depuis le martyre de vos glorieux Patrons : je vous montre nos pères à genoux devant la châsse des précieuses Reliques, implorant la miséricorde de Dieu par l'intercession des Saints. Pour aider votre piété, je termine par une prière qui exprime et résume les vœux de vos cœurs : lorsque vous les présenterez à Dieu, veuillez y comprendre un Prêtre qui vous est tout dévoué en N. S.

L'ABBÉ F.....

PRÉFACE.

S. Céran ou Ceraune, Évêque qui occupait le siége de Paris au commencement du septième siècle, voulant faire un recueil des Actes des Martyrs, s'adressa aux diverses Églises pour en obtenir ceux que chaque Diocèse possédait. Warnahaire, membre du Clergé de Langres, lui adressa les *Actes du Martyre des trois SS. Jumeaux*, dont nous donnons ici la traduction. On s'est demandé bien des fois si Warnahaire en est l'auteur, ou s'il a simplement envoyé à l'Évêque de Paris des Actes anciens de l'Église de Langres. On s'en tient généralement à ce dernier sentiment: les Actes du Martyre des SS. Jumeaux existaient avant Warnahaire. S.ᵗ Céran ne demandait pas que l'on composât des Actes, mais qu'on lui envoyât ceux qui existaient; et s'ils eussent été composés à la prière de ce saint, aurait-on débuté en disant qu'on les publiait, poussé par la grâce de Jésus-Christ, *Christo auctore, compellimur?* Ils ont d'ailleurs le parfum d'antiquité que respirent ceux de quelques grands Saints des premiers siècles, dont l'Église a inséré les noms au Canon de la messe : ainsi sont les Actes de S.ᵗ André, de S.ᵗ Clément, de S.ᵗᵉ Agnès, de S.ᵗᵉ Cécile, de S.ᵗᵉ Agathe. Pourtant en faisant remonter ceux de nos Saints à une époque rapprochée de leur Martyre, il faut reconnaître que par la suite on y a fait des additions : ainsi ce que nous lisons dans ces Actes du concours des fidèles à leur tombeau et des miracles qui s'y opèrent, des dons que l'on fait à leur *Basilique* et des embellissements qu'elle reçoit, a dû y être inséré sinon par Warnahaire, du moins peu de temps avant lui. Voici au reste la lettre qu'il écrivit à S.ᵗ Céran en lui envoyant les Actes de nos Martyrs.

WARNAHAIRE au saint et très-honoré Pontife, CÉRAN.

Vos mérites en tout ce qui fait la science et la vie du Prêtre vous placent dans les premiers rangs parmi nos saints Évêques. Chaque jour vous procurez de nouvelles gloires à la Religion. D'abord votre amour des divines écritures vous a fait parcourir tout le champ des vérités saintes : maintenant votre piété vous porte à réunir dans la ville de Paris les Actes des SS. Martyrs; ce qui sera glorieux pour votre Episcopat. On comparera votre zèle à celui d'Eusèbe de Cesarée; votre gloire sera éternelle comme la sienne. Pardonnez mon impéritie, car je ne sais pas vous louer comme je sens que je le devrais faire et comme j'en aurais la volonté. Ainsi que votre piété me l'a commandé, je me suis empressé de vous obéir et vous envoie comme un hommage les Actes des SS. Jumeaux, qui ont reçu la précieuse couronne du Martyre tout près de la ville de Langres.

ACTES DU MARTYRE

DES

TROIS SS. JUMEAUX.

La grâce de Jésus-Christ nous pousse à publier fidèlement les glorieux combats que les Martyrs ont soutenus pour la Foi. Nous ne pouvons donc passer sous silence ceux des trois saints frères jumeaux, Speusippe, Eléosippe et Mélasippe ; mais nous remplirons un devoir en mettant au jour toute la gloire de leur triomphe. C'est quelque chose de bien admirable, mais c'est surtout quelque chose d'inestimable dans les décrets éternels de Dieu tout-puissant. Suivant par ordre toute cette histoire, et ne voulant laisser échapper aucun des bienfaits du dispensateur des grâces, nous commençons.

A 4

St Polycarpe Évêque de Smyrne (1) digne disciple de l'Apôtre et Évangéliste saint Jean, rempli de l'Esprit saint, dans l'ardeur de sa foi et de son zèle, envoyait dans les différentes parties du monde ses propres disciples, prêcher hardiment la parole du Seigneur aux nations. Après la mort d'un impie persécuteur de l'Eglise il vit un nouvel empereur exercer une nouvelle et affreuse persécution : à un mauvais prince en avait succédé un pire encore (2). Apprenant donc que dans les provinces des Gaules, et généralement dans tous les pays soumis à sa domination, cet empereur avait fait publier un édit pour faire comparaître devant

____

(1) Le texte actuel porte *Ephèse*, c'est une erreur ; St Polycarpe était Evêque de Smyrne et non d'Ephèse.

(2) Le texte porte *Aurelien qui avait succédé à Sévère*, ce qui ne peut être exact. Aurélien parvint à l'empire 59 ans après la mort de Sévère, et St Polycarpe ne vécut jusqu'au temps ni de l'un ni de l'autre. Nous pensons qu'il s'agit de Marc-Aurèle qui succéda à Antonin. L'histoire nous apprend que l'un et l'autre et surtout le dernier exerça des persécutions contre les Chrétiens : c'est à leur temps qu'on s'accorde à rapporter la mission des disciples de St Polycarpe dans les Gaules.

lui et ses préfets tous les Chrétiens sans exception, avec ordre de leur infliger divers supplices ; le bienheureux Polycarpe jeta les yeux sur deux saints Prêtres du Seigneur, Andoche et Bénigne, et un Diacre nommé Thyrse, pour les envoyer prêcher la foi dans ces contrées. C'était trois hommes très-éminents en vertu, pénétrés d'amour pour Dieu, impatients de prendre place aux combats des Chrétiens, prêts pour le nom de Jésus-Christ à toutes les fatigues, à tous les dangers, à tous les sacrifices des voyages sur terre et sur mer, joyeux de se dévouer à cet apostolat qu'ils avaient ardemment désiré et de quitter leur famille pour la Religion de Jésus-Christ, désirant, bien loin de les craindre, les rigueurs des tourments et la bienheureuse mort du Martyre.

Ces trois athlètes, dociles à la voix de leur père, s'embarquent sur un frêle navire. Faisant alors ses adieux aux saints, le bienheureux Polycarpe leur adressa ces recommandations : « Allez, coura-
» geux champions, combattez généreu-

» sement avec la grâce de Jésus-Christ :
» et en confessant son saint nom ga-
» gnez dans vos rangs de nouveaux sol-
» dats, partagez avec eux vos victoires
» et vos triomphes pour acquérir l'hon-
» neur d'un nom et d'une gloire immor-
» telle. Que vos travaux soient couronnés
» de riches et abondantes moissons ; que
» les célestes demeures des Saints tres-
» saillent d'allégresse à la vue du grand
» nombre d'âmes saintes que vous acqué-
» rerez pour le Paradis. » Telles furent,
parmi beaucoup d'avis et d'exhortations,
les paroles de bénédiction et d'adieu de
St Polycarpe.

La traversée fut heureuse, et gouver-
nés par la main de Dieu, ils abordèrent
bientôt sur les côtes de Marseille. Des-
cendus à terre, ils font, sous la conduite
de l'ange du Seigneur, un heureux vo-
yage et arrivent dans la ville d'Autun.
La divine Providence leur y ménagea la
rencontre de Faustus ; cet homme d'une
des plus nobles familles du lieu, honoré
du rang de Sénateur et élevé en outre à
la dignité de Préteur, les accueillit et leur

donna la plus bienveillante hospitalité. Dès qu'il sut qu'ils étaient Prêtres, il les supplia instamment de vouloir bien rendre chrétiens ses amis et surtout les personnes de sa maison, en les purifiant par les eaux du Baptême. Pour lui, il adorait Jésus-Christ, mais en secret, à cause des dangers de la persécution. Il confia en particulier à l'instruction des Saints son fils Symphorien, jeune homme que la grâce divine avait prédestiné à être plus tard un glorieux martyr. Il le remit entre leurs mains en demandant avec prières qu'il fût baptisé par S.ᵗ Bénigne et levé de la piscine sainte par S.ᵗ Andoche. Ceux-ci, heureux de remplir leur mission et de procurer ces grâces à leur hôte illustre, satisfirent pleinement à tous ses vœux en accordant le saint Baptême.

Lorsque Faustus, par suite de ses pieux entretiens avec nos Saints, fut bien au courant de leurs desseins généreux, la bonté divine lui remit en mémoire sa sœur et ses petits-neveux. Il leur dit donc: » J'ai ma sœur, Léonille, illustre Dame,

A 6

» qui habite la ville de Langres : son fils
» lui a laissé trois enfants jumeaux, ins-
» truits dans les sciences et les belles
» lettres, mais par suite de l'éducation
» paternelle, vivant encore dans les
» ténèbres du Paganisme ; leur aïeule,
» qui leur tient lieu de mère, désire les
» voir enrôlés sous les étendards de Jé-
» sus-Christ. O saints Prêtres, allez donc
» au secours de sa piété, ajoutez cet
» gloire nouvelle à la gloire que déjà
» vous avez donnée à notre noble fa-
» mille. » Alors les saints apôtres, pe-
sant mûrement le but de leur mission,
décidèrent, d'un commun accord, que
Bénigne irait de suite, selon la volonté
de Dieu, porter la lumière de l'Évangile
dans le pays des Lingons. Quant à S.ᵗ
Andoche et à S.ᵗ Thyrse, après avoir
fécondé, par leurs divines prédications,
la ville d'Autun, ils eurent, peu de temps
après, le bonheur de recevoir la couronne
du Martyre, sous Marc-Aurèle (1). Fauste

____

(1) Il y a dans le latin, *sous l'Empereur Aurélien*, nous avons déjà fait observer que ce doit être
une erreur : les écrivains ont souvent mis l'un pour
l'autre.

adressa donc Bénigne à sa sœur comme un présent des Cieux, et c'en était un en effet. Elle le reçut avec tous les sentiments de sa foi comme une manne descendue du Ciel.

Le même jour, les petits-fils de Léonille étaient dans une campagne, appelée Pasmase (1), à offrir, selon le rit payen, des sacrifices à l'idole de la déesse Némésis. Ils gardèrent pour leur aïeule des restes de ces offrandes impies, et l'invitèrent à prendre part à leur festin. Mais saisie d'horreur pour ces chairs immondes, elle jeta tout aux chiens. Puis, s'approchant d'eux avec St Bénigne, elle leur dit : « Mes chers enfants, apprenez à con-
» naître Notre-Seigneur Jésus-Christ, le
» vrai Dieu qui a droit aux adorations
» des anges et de toutes les créatures.
» C'est par lui que l'Univers a été créé,
» et que tout y a été admirablement dis-
» posé. Le vrai Dieu a fait ce firmament
» dans les hauteurs des cieux, ces espaces
» immenses dans l'étendue des terres; par

(1) Quelques-uns pensent que c'est le village de Balesme.

» un acte de sa volonté il a, en un ins-
» tant, resserré l'immensité des mers dans
» les bornes qu'il leur a assignées ; il a
» parsemé le Ciel d'étoiles, et y a pla-
» cé deux grands astres, pour orner,
» dans leurs marches successives, et en-
» richir de leur lumière tous les ou-
» vrages de ses mains ; il a donné la
» mer entière aux poissons, pour qu'ils
» l'habitent et jouent dans ses eaux ; il a
» revêtu toute la terre d'arbres et de
» plantes de tous genres ; il a également
» créé tout ce qui constitue le monde,
» ce qui y croît, ce qui y vit ou respire.
» Enfin il a formé l'homme à son image
» et à sa ressemblance ; et, par un bien-
» fait particulier, il lui a donné la sa-
» gesse et l'intelligence, pour qu'il s'ap-
» plique à étudier toute cette beauté du
» monde et la grandeur de ces œuvres
» de la création, et pour que, faisant le
» discernement du bien et du mal, il ne
» vienne pas dans une coupable ignorance
» à oublier l'auteur de toutes choses,
» mais que plutôt il comprenne que ces
» vaines idoles, faites de diverses ma-

» tières par la main de l'homme, dépour-
» vues de sentiments et de tout souffle
» de vie, fabriquées, par l'invention
» des démons, pour tromper les
» hommes, non seulement n'ont droit à
» aucun hommage, mais sont dignes de
» tout mépris comme étant immondes,
» et qu'il faut fuir leur culte comme
» impie. Le méchant qui a inspiré au
» monde ce culte des idoles, est le même
» qui a fait pécher Adam dans le Pa-
» radis terrestre. Mes bien-aimés enfants,
» abandonnez donc toutes ces idoles con-
» sacrées au démon, et rendez gloire
» et hommage sans hésiter au créateur de
» toutes choses, à Jésus-Christ, Notre-
» Seigneur. Bénigne, ce saint homme
» que vous voyez devant vous, c'est,
» croyez-le bien, la bonté divine qui
» vous l'envoie des extrémités du monde.
» Soyez donc attentifs à toutes les pa-
» roles qu'il vous dira ; car c'est Dieu
» qui vous parlera par sa bouche : Ap-
» prenez de lui une doctrine plus pré-
» cieuse que tous les trésors, la seule
» qui puisse vous conduire au salut. »

Pendant que Ste Léonille et St Bénigne faisaient de si salutaires instructions aux trois Frères, la grâce de Dieu s'était fait sentir dans leurs cœurs et y avait pris un grand empire. Ils sont également plongés dans la stupeur, ils se regardent l'un l'autre, réfléchissent à tout ce qu'on leur a dit, et se tournant vers leur aïeule, ils s'écrient simultanément tout d'une voix : « Pourquoi donc avez-
» vous gardé si longtemps dans le si-
» lence une chose de si grande impor-
» tance ? Pourquoi nous avez-vous ca-
» ché pendant tant de temps la voie de
» la vérité, et une si heureuse lumière? »
Alors élevant les yeux et les mains au Ciel, et rendant grâce au Seigneur, Léonille leur dit : « Votre père, qui était
» mon fils, a toujours montré un grand
» endurcissement: plongé dans un abîme
» profond, aveuglé par les ténèbres du
» péché, dénué de toute sagesse, fer-
» mant son intelligence au bien et ne
» prenant conseil que du mal, il a tou-
» jours refusé de croire en Jésus-Christ,
» Notre-Seigneur, et n'a jamais voulu

» confesser son nom : son cœur attaqué
» jusqu'au vif par le mal profond de l'in-
» fidélité ne pouvait recevoir avec fruit
» la parole divine ; ses yeux obscurcis
» par les ténèbres de l'idolâtrie ne pou-
» vaient supporter la vraie lumière : c'est
» lui qui est cause de la réserve et du
» silence que j'ai gardés jusqu'à ce jour :
» je craignais que malheureusement, par
» ses conseils, il ne vous fît toujours dé-
» vier du droit chemin. Maintenant que,
» par les dispositions de la volonté de
» Dieu, ce danger n'est plus à craindre,
» il n'y a plus d'obstacle à la vérité.
» Voici le temps opportun. Ouvrez les
» yeux de l'esprit et du corps ; regardez
» le Ciel ; remplis de la grâce de Notre-
» Seigneur Jésus-Christ, arrachez de vos
» cœurs, jusqu'à la racine, tout germe
» de ce culte des idoles, et vous par-
» viendrez au bonheur de l'éternité. »

Par ces exhortations et beaucoup
d'autres, la bienheureuse Léonille et
S.ᵗ Bénigne travaillaient à faire germer
des principes de foi dans le cœur de
ces jeunes gens, lorsque des songes
qu'ils avaient eus, une nuit précédente,

leur revinrent en mémoire. Speusippe
en parla le premier et dit : « Je vo-
» yais en songe, pendant la nuit, mon
» aïeule me nourrissant de son lait ,
» elle me disait : Bois, Speusippe, car,
» lorsque tu seras venu dans l'arène et
» que tu livreras le combat, plus tu au-
» ras bu de ce lait, plus ta victoire sera
» prompte et généreuse. » Quand Speusippe eut fini, Eléosippe dit à son tour :
« Ecoutez, moi aussi j'ai eu un songe :
» j'ai vu dans le Ciel un trône éle-
» vé ; celui qui était assis dessus était
» semblable à des pierreries, c'était une
» splendeur plus vive que celle du so-
» leil, mes yeux ne pouvaient soutenir
» l'éclat de cette éblouissante majesté ;
» la frayeur me saisit au cœur et je de-
» meurais tout éperdu de stupeur, lorsque
» m'appelant à lui avec un air de bonté
» il me dit : Ne crains rien, tu mérite-
» ras la couronne du vainqueur. » Mélasippe enfin fit part à son tour du songe
qu'il avait eu : « J'ai vu aussi un Roi
» d'une grande puissance, qui tenait di-
» vers sceptres à la main. Il nous ap-

» pelait tous trois également à combattre
» avec lui, il nous ceignait de riches bau-
» driers, il nous rachetait à grand prix des
» fers de la captivité, il écrivait en lettres
» d'or la grâce de notre éternelle liber-
» té, il nous distribuait d'immortelles
» récompenses. A tout cela, il ajou-
» tait des paroles d'encouragement, il
» disait : Mélasippe, il entre dans mes
» décrets de vous placer tous trois dans
» mon palais, vous et vos frères, et de
» vous donner en récompense des cou-
» ronnes éternelles. Votre aïeule m'a-
» dresse jour et nuit de ferventes prières
» pour votre salut ; elle a obtenu pour
» vous que, sortis des ténèbres et mar-
» chant dans la voie droite, vous mé-
» ritiez de contempler la vraie lumière,
» et que de la mort à laquelle vous étiez
» condamnés vous passiez à la vie éter-
» nelle. Ce Roi que j'ai vu m'a dit en
» songe toutes ces choses et bien d'autres
» paroles propres à nous encourager. »
Oh ! quelles sont admirables, quelles
sont bien d'accord, comme elles signifient
bien la même chose, ces visions à ja-

mais mémorables dont méritèrent d'être favorisés les trois Frères jumeaux encore dans les ténèbres de la nuit, mais déjà prédestinés à la lumière par la grâce du Saint-Esprit ! Ces trois jeunes gens durent aux prières de leur aïeule ces communications de l'adorable Trinité, avant même qu'ils eussent une connaissance exacte de la doctrine de Jésus-Christ : leurs yeux éclairés en partie virent le Seigneur Dieu, avant que leur bouche reconnût et confessât pleinement le Sauveur.

Frappés de l'accord de leurs songes, éclairés de jour en jour par les instructions de S.ᵗ Bénigne, gagnés par les prières de S.ᵗᵉ Léonille, les trois SS. Jumeaux délibéraient sérieusement sur ce qu'ils avaient à faire pour arriver à la fin de leurs désirs, sortir des ténèbres, voir la vraie lumière dans l'éclat de sa pureté, et connaître pleinement le Dieu vivant et véritable. Ils disent donc à leur aïeule : « Apprenez-nous ce que nous » devons faire, pour que vos bonnes ins- » tructions, après avoir dissipé toutes

» nos erreurs, produisent en nous des
» fruits de salut. » A ces mots la bienheureuse Léonille transportée de bonheur, rendit grâce au Seigneur de ces
heureuses dispositions de ses petits-fils,
et se joignit à S.ᵗ Bénigne pour leur dire :
« Il faut maintenant garder tous les com-
» mandements de Dieu, croire ferme-
» ment que le Roi des Rois, Jésus-Christ
» est Dieu, abandonner à jamais les in-
» fâmes idoles, et vous offrir vous-
» mêmes au créateur votre Dieu. »

S.ᵗ Bénigne les instruisit à fond de
toutes les saintes vérités de la Religion, et
lorsqu'il vit que, la grâce du S.ᵗ-Esprit
opérant en eux, leur foi était pleine et
entière, et qu'ils étaient prêts à en rendre publiquement témoignage, il les con-
sacra au Seigneur par le bienfait du saint
Baptême. Ensuite il partit pour Dijon,
où, après avoir recueilli de nombreux
fruits de ses travaux, il reçut, peu de
temps après, la couronne du martyre,
dont il s'était rendu digne par tant de
mérites.

Quant aux saints Frères jumeaux, de-

venus forts dans la foi de Jésus-Christ,
ils commandèrent à leurs serviteurs de
briser l'idole de Némésis, de détruire de
fond en comble douze autels qu'ils avaient
dressés aux faux Dieux dans leur maison,
et de faire disparaître jusqu'aux restes
des statues brisées. Les serviteurs firent
tout ce qui leur était commandé.

Bientôt le bruit se répand dans tous
les quartiers de la ville de Langres, que
les trois Frères jumeaux, petits-fils de Léonille, de si grande naissance, se sont publiquement déclarés fervents adorateurs
de Jésus-Christ, et que, dans leur confiance en sa toute-puissance, ils méprisent
les Dieux et les outragent, qu'ils ont
même fait renverser les idoles et leurs
autels. Il se fait un grand bruit parmi le
peuple; les magistrats de la ville, les
juges, les prêtres des idoles s'émeuvent;
la foule en fureur se précipite autour des
jeunes chrétiens. Les magistrats les apos-
trophent en ces termes : « Comment êtes-
» vous devenus si téméraires tout-à-
» coup? Qui vous a persuadé de quit-
» ter, au mépris des édits des empe-

» reurs, le culte de nos Dieux, que nos
» pères et les vôtres ont adoré de tout
» temps ! Ce Christ que vous adorez
» comme un Dieu, les juifs l'ont con-
» damné à mort et attaché à une croix. »
Alors remplis du S.'-Esprit, les Saints
leur répondirent : « O insensés que vous
» êtes ! plongés dans de profondes té-
» nèbres, ensevelis dans des ombres éter-
» nelles, chargés d'un poids énorme de
» péchés, condamnés à une mort éter-
» nelle dans des tourments sans fin,
« jouets des tromperies de l'ancien en-
» nemi ! comment pouvez-vous nous
» forcer à adorer des pierres, des mé-
» taux façonnés par des hommes, qui leur
» ont donné des figures d'hommes, mais
» sans un souffle de vie ! Ce qui n'est
» rien, ce qui ne sent rien ne peut être
» adoré qu'en vain, et par des insensés.
» Le vrai Dieu, le Dieu vivant, c'est
» le Père, le Fils et le S.'-Esprit, seule
» majesté divine qu'il faut adorer dans
» l'unité de la nature et la Trinité de
» personnes. Quant à Jésus-Christ Notre-
» Seigneur, il est Dieu de Dieu, lu-
» mière de lumière, la gloire de la gloire;

» il est, il a toujours été et il sera tou-
» jours. C'est par ce vrai Dieu que ce
» qui est en ce monde a été fait. »

Alors les magistrats, les juges et les
prêtres des idoles, qui étaient accourus,
entrèrent dans une grande colère contre
les serviteurs de Dieu. Quadrat ne pou-
vant plus se contenir se lève en fureur,
frappe du poing au visage Speusippe et Eléosippe, les deux qui avaient parlé. Mélasippe, affligé d'être excepté, s'écrie :
« Pourquoi me privez-vous de l'avan-
» tage d'être frappé avec mes frères ?
» Ils sont heureux de ces traitements
» que vous commencez à leur faire su-
» bir, et moi, je suis privé de l'hon-
» neur d'y avoir part, comme si je par-
» tageais votre impiété. Nous confessons
» tous trois également le nom de Jésus-
» Christ ; tous trois nous voulons une
» part égale dans vos outrages et dans ses
» récompenses. » Quadrat dit : « Aujour-
» d'hui même, pour votre mépris de
» nos Dieux, nous vous ferons punir de
» divers supplices. » Eléosippe répondit : « Plus les tourments que vous nous

» préparez seront cruels, plus la grâce
» de Dieu sera puissante, pour nous
» aider à les supporter. » Palmat dit
alors : « Si nous ne leur faisons arracher
» la langue ils ne cesseront de nous in-
» jurier, nous et nos Dieux. » Speusippe répondit : « Si par votre cruauté
» vous nous ôtez cette langue charnelle,
» nous publierons encore la gloire de
» Dieu dans nos cœurs, et toute votre
» méchanceté ne nous ôtera jamais la
» foi en Jésus-Christ. » Palmat et Hermogène reprirent : « Malheureux ! vous
» vous accordez pour vous hâter de cou-
» rir à la mort. » Speusippe répondit :
« Mourir pour le nom de Jésus-Christ,
» c'est une grande gloire ; on arrive ain-
» si plus tôt à la vie éternelle ; là il n'y
» a plus de tristesse, c'est un bonheur
» qui ne finira jamais. »

Palmat, Quadrat et Hermogène, voyant la constance des confesseurs de Jésus-Christ, délibéraient sur ce qu'ils devaient faire, sur les peines qu'il fallait
leur infliger, sur le genre de mort qu'ils
leur feraient subir : ils le voulaient ter-

rible pour satisfaire l'exigence de la populace. Dans le débat de leurs délibérations, il leur vint la pensée de faire venir la bienheureuse Léonille qui, peut-être, par ses caresses et la puissance de la tendresse maternelle pourrait les rappeler au culte des Dieux et les déterminer à renier Jésus-Christ. Lors donc que la bienheureuse Léonille fut auprès d'eux, ces juges lui dirent : « Allez trouver vos pe-
» tits-fils ; et si vous voulez les sauver,
» les délivrer des supplices de la mort,
» persuadez-leur de rétablir les autels
» qu'ils ont renversés, d'adorer nos
» Dieux, et d'offrir des sacrifices comme
» nous. » Quand ils eurent dit ces choses et beaucoup d'autres pour la déterminer, la bienheureuse Léonille leur répondit : « J'y vais, et je leur conseillerai
» tout ce qui convient à leur salut. »

Ste Léonille étant venue auprès de ses petits-fils et voyant leur sainte persévérance dans la foi, fut dans une grande jubilation. Elle les embrassait, elle pleurait de joie, elle priait instamment pou eux Dieu tout-puissant, elle rendait grâc

à Jésus-Christ. Enfin elle leur dit ; « Per-
» sonne de votre sang n'a jamais été plus
» noble , plus riche , plus favorisé que
» vous devenus chrétiens. En confes-
» sant si glorieusement le nom de Jé-
» Christ , vous avez illustré toute votre
» race. Tout jeunes que vous êtes, vous
» l'avez emporté en sagesse sur tous les
» vieillards qui vous ont devancé. Dans
» ces combats soutenus pour Jésus-Christ,
» vous avez acquis un trésor immense
» au-dessus de tout prix. Persévérez
» donc avec courage dans la Religion
» sainte de Jésus-Christ : Qu'aucune ad-
» versité ne vous abatte ; que ni les me-
» naces , ni les tourments , ni les sup-
» plices ne vous épouvantent : armés de
» la foi en Jésus-Christ combattez vail-
» lamment. Les royaumes de ce monde,
» que l'on voit ici-bas , qui n'auront
» qu'un temps et finiront avec la vie,
» ne sont rien ; mais le royaume de Dieu
» qu'on ne voit pas est éternel : désirer
» ce bien le plus grand de tous, ce bon-
» heur sans fin, c'est la plénitude, la per-
» fection de la sagesse. Par des souf-

» frances passagères, par des tourments
» d'un instant vous parviendrez à des
» joies éternelles. » Les voyant donc par
la grâce de Dieu, bien affermis et bien
résolus à tenir leurs engagements, elle
les recommanda au Seigneur avec une
nouvelle ferveur, et se retira.

Interrogés ensuite par les juges s'ils
voulaient enfin se soumettre à leurs or-
dres et se déclarer à haute voix adorateurs des Dieux, nos Saints persistèrent
avec constance à confesser Jésus-Christ,
et ne voulurent consentir absolument à
rien de ce qu'on leur demandait. Alors
on les suspendit à un arbre; liés en haut
par les mains et en bas par les pieds.
Ce genre de supplice leur tira les membres
avec tant de violence qu'on les eut tous
crus déboîtés et sortis de leurs places.
Mais ils étaient fortifiés par Jésus-Christ,
et le courage que sa grâce leur donnait
intérieurement leur faisait généreusement
confesser son nom et professer leur foi.
Au milieu même des tortures, Mélasippe
attaché à côté de ses frères bravait les bourreaux et leur disait : « Notre-Seigneur et

» Sauveur Jésus-Christ crucifié, adorable
» personne de la Trinité, a été suspen-
» du pour notre rédemption à un bois,
» qui est devenu pour nous le signe salu-
» taire de la croix : nous ses serviteurs,
» tous trois suspendus aussi au même
» arbre, puissions-nous obtenir la gloire
» d'être martyrs pour son nom. » O heureux arbre qui porta pour fruit trois martyrs, consacrés aux trois personnes divines !

Les juges les voyant raffermis loin
d'être abattus par ce genre de supplice,
leur dirent : « Non, vous ne mourrez pas
» sur cet arbre, comme vous témoignez
» le désirer ; mais c'est le feu qui ven-
» gera nos Dieux. » Mélasippe leur ré-
» pondit : « Notre béatitude sera plus
» grande si nous sommes purifiés par le
» feu pour aller à Dieu, et si des ténè-
» bres nous passons par ce feu à la lu-
» mière éternelle. » Alors les juges pous-
sés par les menaces du peuple rassem-
blé font apporter des bois et tout ce qui
peut donner de l'aliment aux flammes,
et on allume un grand feu. Les saints Ju-

meaux y sont précipités pieds et mains liés. Mais Jésus-Christ le divin Sauveur vient au milieu d'eux ; les liens des Martyrs sont brisés ; ils glorifient Dieu au milieu des flammes qui ne les atteignent point. O bienheureuses flammes qui ne purifièrent que le péché (1) sans causer aucun dommage aux corps des Saints ! Il fut ainsi salutaire à ces Confesseurs, ce feu par lequel l'ennemi a voulu et n'a pu leur nuire. Le feu était violemment excité par les infidèles pour qu'il consummât à l'instant les corps des Martyrs ; mais par un effet de la miséricorde divine il ne fit que les disposer à la lumière éternelle. Les flammes du bûcher s'élevaient bien haut; mais par la disposition de Notre-Seigneur, dont il n'était que le ministre, ce feu que les persécuteurs n'avaient allumé que pour la ruine des saints Martyrs contribuait puissamment à leur gloire. Il ne put brûler leurs corps, parce que Dieu dans sa puis-

______

(1) Le texte actuel du latin dit que les flammes purifièrent le péché *originel*, ce qui n'est pas exact, puisque les saints Martyrs étaient baptisés. Il peut se faire qu'il se soit glissé des fautes dans ce texte, qui est obscur en cette phrase.

sance et sa grande bonté pour ses Saints en tempéra les ardeurs.

Ces méchants, ces impies virent donc les saints Jumeaux libres et joyeux au milieu de ces torrents de flammes, ils les virent conservés intacts, ceux qu'ils avaient crus devoir être consumés par un feu dévorant. Jésus-Christ accorda même aux Martyrs de marcher au milieu de la fournaise, à la honte et au dépit des idolâtres témoins de ces divines merveilles. A défaut de bois et d'autres aliments, les flammes cessèrent enfin, et alors les Saints debout sur cet immense brasier insultaient à la malice de leurs persécuteurs: ils leur dirent enfin : « Main-
» tenant le choix nous est donné ou d'al-
» ler à Jésus-Christ si nous le voulons, ou,
» si nous l'aimons mieux, de braver
» votre démence en continuant à vivre
» sur la terre. Mais nous préférons nous
» hâter d'arriver au festin des noces,
» où l'on reçoit tous les biens avec u-
» sure. » Après que le feu se fut assou-
pi, les idolâtres s'approchèrent des serviteurs de Dieu, et avec toutes leurs m-

vestigations ils ne purent trouver sur leurs corps aucune trace de brûlure. Mais les Saints étaient impatients du martyre, ils voulaient recevoir de Jésus-Christ ces couronnes préparées depuis longtemps et qui ne devaient jamais se flétrir ; voyant donc venir à leur rencontre les chœurs des Anges pour recevoir leurs âmes, entendant Jésus-Christ qui les appelait, ils se jettent à genoux, se prosternent pour prier, et, rendant en même temps leur esprit au Seigneur, ils s'en vont au Ciel.

Leurs corps furent transportés et ensevelis par les chrétiens à deux milles (1) de la ville de Langres, dans un village appelé Urbatus (2) à la jonction de deux grandes voies, auxquelles en aboutissent d'autres de différents côtés : de telle sorte que, la facilité de s'y transporter et de satisfaire sa dévotion, y amène une affluence considérable des peuples accourant de toutes parts pour prier sur leur tombeau. Et nous voyons que lors-

______

(1) Deux milles font deux tiers de lieue : il fallait trois milles pour une lieue.

(2) Ce mot latin peut signifier *lieu près de la ville*.

qu'on y prie bien, on obtient de Dieu tout ce qu'on lui demande par la médiation des saints Jumeaux : par leur intercession les malades recouvrent la santé, les affligés reçoivent promptement des consolations. Leur basilique devient tous les jours plus ornée et la dévotion des fidèles l'enrichit chaque jour de nouveaux dons.

Il convient bien de rapporter ici ce qui est à l'honneur des saints Jumeaux et peut contribuer à la gloire de la Religion ; c'est que par la grâce de Dieu et les mérites de ces Saints le nombre des Martyrs s'est accru. D'abord une femme, nommée Junille, témoin de la mort précieuse des saints Confesseurs de Jésus-Christ, quitte la compagnie de son mari, se dérobe aux tendres embrassements d'un fils unique tout jeune encore, perce la foule des idolâtres encore tout animés des fureurs de la persécution, et court en toute hâte, s'écriant : « Moi aussi, je suis servante » de Jésus-Christ, je confesse hautement » que Jésus-Christ est le Dieu vivant et » véritable, et je refuse absolument d'a-

» dorer vos vaines et infâmes idoles. »
Aussitôt on l'arrête, et, par la crainte de
cette assemblée tumultueuse on la suspend par les cheveux et on la tourmente
par divers supplices. Comme rien ne put
l'ébranler ni lui faire renier Jésus-Christ,
elle fut traînée ainsi que la bienheureuse
Léonille au lieu du martyre, et toutes les
deux tombèrent également sous le glaive
du bourreau au village d'Urbatus, dont
nous avons parlé.

Néon, qui en qualité de greffier écrivait les Actes, donnant ses registres à
Turbon, s'avance au milieu des persécuteurs, témoigne le désir d'être associé
aux heureux combats des saints Jumeaux, et confesse le nom de Jésus-Christ.
Arrêté sur-le-champ, il est soumis à diverses tortures, et, en perdant la vie temporelle, il mérite aussitôt l'honneur du
martyre. Enfin, peu de temps après,
Turbon, professant la même foi et les
mêmes principes que les bienheureux
Jumeaux, fut arrêté à son tour, et reçut aussi la riche récompense du martyre.

Ces choses se passèrent du temps de Marc-Aurèle (1), sous Palmat, Quadrat et Hermogène, le 16 des calendes de février (17 janvier). L'invention des reliques des saints Jumeaux et la Dédicace de leur Basilique doit se célébrer le xiv des calendes d'octobre (18 septembre) (2).

Fin des Actes du Martyre des saints Jumeaux.

____

(1) Il y a dans le texte actuel *Aurélien*, ce qui est une erreur comme nous l'avons fait observer.

(2) Cet office s'est fait dans tout le Diocèse de Langres jusqu'en 1731.

MARTYRE

DES SS. JUMEAUX ET DE LEURS COMPAGNONS,

TEL QU'IL EST RAPPORTÉ DANS L'ANNUAIRE DU DÉPARTE-
MENT DE LA HAUTE-MARNE POUR L'AN 1811 (1).

SS. SPEUSIPPE, ÉLÉOSIPPE ET MÉLASIPPE.

Ces trois frères jumeaux, nés à Langres, et issus d'une famille distin-
guée, avaient une mère qui était chrétienne et qui mourut jeune, laissant ses

(1) L'Annuaire, rédigé avec une saine critique,
fait précéder les notices qui suivent de ces sages ré-
flexions. « Les assertions erronées des Bollandistes et
» de l'abbé Godèscard, les doutes de Baillet et même
» de Tillemont, sur le lieu de la naissance et du
» martyre des illustres Saints dont nous allons parler,
» ne doivent point en imposer. Les noms de ces
» Martyrs étant dérivés du grec, les uns ont cru
» qu'ils étaient nés et avaient souffert la mort à
» Smyrne ou en Cappadoce; les autres sont restés
» dans le doute à ce sujet. Sans entrer dans des dis-
» cussions qui seraient déplacées dans cet ouvrage,
» nous dirons seulement que les Latins portaient
» aussi des noms dérivés du grec; nous ne citerons
» que St Hyppolite, qui était Romain. Il ne serait
» pas difficile de démontrer que ces auteurs éclairés,
» tout respectables qu'ils sont d'ailleurs, ont erré sur
» cet article. Ils n'ont point assez connu l'histoire de
» nos contrées. La tradition constante et non in-

enfants en bas âge. Leur père était payen et les éleva dans le culte des fausses divinités ; mais après sa mort, Léonille aïeule des trois orphelins, les exhorta par de fréquents discours, à abandonner une Religion vaine, ridicule, absurde et impie (1).

Le Prêtre S.ᵗ Bénigne, envoyé dans les Gaules par S.ᵗ Polycarpe, Evêque de

---

» terrompue de l'Eglise de Langres, les monu-
» ments qui ont toujours existé, la croyance des
» Eglises grecque et latine, nos anciennes légendes
» qui sont d'accord avec cette tradition et ces mo-
» numents, anéantissent les récits qui nous sont op-
» posés. Nous prouverions encore que les Actes des
» SS. Jumeaux fournis par Warnahaire, doivent
» être préférés à ceux que Bollandus a rapportés,
» pour les autres faits où il se trouve des différences
» dans la narration. » Nous ajouterons seulement
une réflexion, c'est que ces diverses versions des
Actes du martyre de nos Saints, qui diffèrent à la
vérité sur quelques circonstances, mais sont parfaite-
ment d'accord quant au fond, remontant toutes à une
très-haute antiquité, offrent une nouvelle preuve que
ces Actes sont plus anciens que Warnahaire.

(1) Les Actes rapportés par Warnahaire insi-
nuent que S.ᵗ Bénigne arriva à Langres peu de temps
après la mort du père des SS. Jumeaux : on est porté
à conclure du texte de ces Actes, que S.ᵗᵉ Léonille ne
parla à ses petits-fils des vérités de la Religion chrétienne qu'après l'arrivée du S.ᵗ Apôtre.

C

Smyrne, s'était d'abord arrêté à Autun, d'où, à la prière de Faustus, sénateur de cette ville, il se rendit, vers l'an 166, à Langres, chez Léonille, sœur de Faustus. Bénigne acheva la conversion des trois frères Jumeaux, et leur conféra le baptême.

Ces jeunes gens, auparavant zélés et ardents pour les spectacles, la chasse, les courses de chevaux, les superstitions payennes, et principalement pour le culte de Némésis (1), déesse à laquelle ils offraient souvent des sacrifices, brisèrent les statues des faux dieux, et renversèrent leurs autels établis dans leur maison.

A cette nouvelle, et au bruit de leur

______

(1) Ces détails sont tirés d'une version donnée par les Bollandistes, qui dit même expressément qu'ils se rendaient tous les jours à cheval dans le lieu appelé Pasmase pour offrir leurs sacrifices à cette déesse. Nous avons déjà fait l'observation que quelques-uns pensent que *Pasmase* c'est le village de *Balesme.* Le P. Vignier, qui n'est pas de ce sentiment, fait toutefois remarquer qu'il existe près de Langres un lieu appelé *la Mèse,* qui pourrait bien tirer son nom de Némésis: or il se trouve près de Balesme un lieu qui porte précisément ce nom. Il y avait là une habitation, appelée aussi *la Mèse,* qui n'est détruite que depuis quelques années.

conversion éclatante, toute la ville s'é-
meut et le tribunal s'assemble. On saisit
les prétendus coupables, on les arrache
de leur demeure et on les traîne devant
les juges qui se nommaient Quadrat, Palmat et Hermogène. Interrogés sur leur
changement subit, ils confessent hardiment Jésus-Christ, et osent ajouter qu'ils
détestent les vains simulacres des Dieux
et l'impiété dont leurs adorateurs se souil-
laient. Ces paroles mettent les Gentils
hors d'eux-mêmes ; ils entrent en fureur
et s'écrient, tout d'une voix, qu'il fallait
punir ces impies par les plus affreux supplices et par la mort la plus ignominieuse :
mais les vociférations et les menaces ne
font qu'accroître le courage des confesseurs ; rien n'est capable de les inti-
mider.

Les juges, témoins de leur résolution
et voyant avec peine que des jeunes gens,
recommandables par leur naissance et in-
téressants par leur âge, allaient s'exposer aux tourments et à la mort, font venir Léonille, et l'engagent à employer,
auprès de ses petits-fils, son ascendant

et son autorité pour les détourner d'une perte inévitable. Léonille, au contraire, a recours aux moyens les plus persuasifs pour les confirmer dans leurs généreux sentiments.

Dans l'attente d'un changement, les juges avaient différé les tortures ; mais lorsque les confesseurs reparurent devant eux, quelle fut leur surprise de retrouver la même résolution , la même constance et le mépris formel de la mort !

Désespérant de les vaincre ; ils ordonnèrent aux bourreaux de les tourmenter. On leur lie les pieds et les mains ; on les suspend tous trois à un arbre, et leurs membres sont tirés avec tant de violence par des poulies et autres machines (1), qu'ils sont près d'être arrachés. Cependant les athlètes courageux rendent au Seigneur des actions de grâces. Quadrat leur demande où est leur Dieu : « Avec » nous, répond Speusippe ; il nous sou

---

(1) Ce détail des poulies et autres machines pour tirer les membres est de la version de Velserus, rapportée par les Bollandistes. Cette version expose les mêmes songes que celle de Warnahaire.

» tient et nous met au-dessus des tour-
» ments que vous ordonnez (1). »

On les menace de les brûler vifs ; les Martyrs acceptent avec joie ce nouveau combat. Le bûcher étant prêt, on les détache de l'arbre, on les jette dans les flammes ; mais les liens seuls sont consumés, les trois jeunes hommes n'en ressentent aucune atteinte. Le feu manquant d'aliment s'éteignit, et les spectateurs virent avec surprise les trois Martyrs encore vivants. Ces Saints, après avoir remercié Dieu d'un triomphe qui manifestait sa puissance, rendirent l'esprit. Ils furent les premiers qui souffrirent pour Jésus-Christ, dans le territoire des Lingons ; S.ᵗ Bénigne n'ayant été martyrisé qu'environ quatre ans après.

Leurs corps furent recueillis et déposés dans un tombeau entre deux levées romaines, à deux milles de la ville de Langres, dans un lieu nommé alors Urbatus (2), aujourd'hui S.ᵗ Geômes. On

______

(1) Détails tirés de la version de Velserus.

(2) Velserus, qui, trompé par la physionomie des noms de nos Saints, a voulu les placer dans la Grèce, dit qu'ils furent enterrés au village d'*Orba-*

transporta autrefois de leurs reliques au monastère d'Elvangen (1), où ces illustres Martyrs sont honorés à titre de seconds patrons. Pendant la révolution française, des impies s'étaient transportés dans l'Église de S.ᵗ Geômes pour profaner et disperser ces précieuses reliques ; mais la Providence permit qu'un des prisonniers de guerre autrichiens, auxquels cette basilique servait de caserne, cachât et enfouît la châsse qui contenait les ossements de ces Martyrs, et qui fut rendue au culte dans un temps plus calme (2). Cette

---

tus, c'est bien évidemment le même lieu que celui dont parle Warnahaire.

(1) Le monastère d'Elvangen est en Souabe : une partie des restes des SS. Jumeaux y fut transférée dans le courant du 8.ᵉ siècle. Le bienheureux Hérulphe, Evêque de Langres, fils du comte d'Elvangen et issu des ducs de Souabe quitta le siége en 774 pour se retirer dans l'abbaye d'Elvangen, qu'il avait fondée de son patrimoine. Ariolf son neveu, et peut-être son frère, lui succéda, et vers l'an 778 voulut également se retirer dans la même solitude. C'est l'un de ces deux Evêques qui enrichit ce monastère de Souabe d'une partie des reliques de nos Saints.

(2) Pendant la terrible révolution de 1793, dont on parle ici, l'Eglise des SS. Jumeaux avait été convertie en hospice militaire, qu'on appelait l'*hôpital Geômes*

châsse ne brille ni par l'or, ni par les richesses ; elle est en bois et presque sans ornements en forme d'un grand coffre (1).

La Fête des SS. Jumeaux est célébrée le 17 janvier chez les Grecs, en France et en Allemagne (2).

---

dans le langage de ce temps déplorable. Quelques anciennes Religieuses, que rien ne pouvait éloigner de remplir les œuvres de la sainte vocation à laquelle elles s'étaient vouées, y donnaient aux malades les soins de la charité. On y mit, pour un temps, des soldats autrichiens prisonniers de guerre. C'est avec le secours de quelques-uns de ces soldats que les bonnes hospitalières dérobèrent la châsse des précieuses reliques à la profanation. D'abord elles la descendirent dans un caveau du jardin, d'où elle fut tirée plus tard et transportée à Langres. Après la révolution on fit la reconnaissance des reliques, puis on rendit la châsse à sa basilique et on la remit dans la place qu'elle occupait auparavant, en haut du maître-autel. En 1836, les personnes qui avaient contribué à sauver le précieux dépôt vivant encore, M.gueur Pierre-Louis Parisis, Evêque de Langres, fit faire une nouvelle enquête avec grand soin : les anciens procès-verbaux furent examinés, des témoins furent entendus, enfin l'identité constatée ; le Prélat en dressa un nouveau procès-verbal, qu'il fit, avec les autres pièces, déposer dans la châsse, puis il célébra la messe pontificale en présence des S.tes Reliques, et scella la châsse de son sceau.

(1) La châsse actuelle est de 1702, l'ancienne était couverte de lames d'argent.

(2) Dans plusieurs Églises on l'a célébrée le 18, et

C 4

S.te LÉONILLE,

Une femme de condition établie à Langres, nommée Léonille, était chrétienne et sœur de Faustus sénateur d'Autun. Elle avait perdu son mari, sa fille et son gendre. Sa fille, chrétienne comme elle, avait laissé trois enfants jumeaux, dont Léonille prit soin après la mort de leur père. Pratiquant en secret la Religion de Jésus-Christ, elle parvint à la faire goûter à ses petits-fils ; S.t Bénigne acheva de les instruire. Nous avons dit que les juges avaient eu recours à Léonille pour les détourner du christianisme ; cette femme généreuse, à l'imitation de la mère des Machabées, leur fit envisager que ces supplices seraient de courte durée, et que leur gloire et leur récompense seraient éternelles.

Léonille fut conduite en prison, et, quelques jours après le triomphe de ses petits-fils, sa vie sainte fut couronnée

---

dans le diocèse de Langres on la célèbre maintenant le 19, le 17 étant réservé à S.t Antoine.

par le martyre (1). Sa fête est marquée au 15 mars, ainsi que celle de sainte Junille.

S.' NÉON.

Dans le cours de l'interrogatoire des trois SS. Jumeaux Speusippe, Eléosippe et Mélasippe, et pendant qu'on leur faisait subir les tortures les plus affreuses, Néon, qui professait le paganisme, écrivait, en qualité de secrétaire ou de greffier, les actes de la procédure qu'on avait coutume d'en dresser. La tranquillité et la constance héroïque de ces Martyrs, firent sur lui une impression si profonde, qu'il conclut qu'une religion qui pouvait opérer de telles merveilles était nécessairement divine. Sans hésiter, il remet aussitôt ses tablettes à Turbon son collègue, court à une statue de Némésis qu'il met en pièces en la renversant par terre (2), et s'écrie qu'il est chrétien.

---

(1) On croit généralement que S.te Léonille, ne fut martyrisée que quelques années plus tard, après avoir donné la sépulture à S.' Bénigne martyrisé lui-même à Dijon.

(2) Ceci est tiré de la version de Velserus.

Il est pris et lapidé par les gardes du temple.

La fête de ce Martyr avec celle de St Turbon son collègue, se célèbre le 1.er mars (1).

Ste Junille.

Après que Néon eut refusé de continuer la rédaction des Actes des SS. Jumeaux, et se fut déclaré hautement chrétien, une femme mariée, nommée Junille ou Ionille, touchée de cet exemple (2) et excitée par un mouvement de l'Esprit-Saint, surmonte la nature et tous les obstacles. A l'instant même, malgré la tendresse maternelle, elle dépose un enfant qu'elle tenait entre ses bras, perce la foule et se présente avec intrépidité devant les juges, déclarant qu'elle est chrétienne. Aussitôt elle est

---

(1) Depuis 1731, l'Office de ces Saints comme celui de Ste Léonille et de Ste Junille était réuni à l'Office des SS. Jumeaux. Mgr l'Evêque vient de replacer tous ces Saints dans le calendrier aux mêmes jours qu'autrefois et d'en ordonner l'Office particulier.

(2) Toutes les versions rapportent le martyre de Ste Junille avant celui de St Néon.

arrêtée. On la suspend par les cheveux; mais ni ce tourment et d'autres qu'on lui fit souffrir, ni les prières et les supplications de son mari qui accourut (1), ne purent lui faire changer de résolution. Quelques jours après (2) elle eut la tête tranchée ainsi que Léonille.

S.ᵗ Turbon.

Turbon, né au sein du paganisme, était l'un des secrétaires ou greffiers du tribunal qui venait de condamner aux supplices les plus horribles les trois frères Jumeaux. Néon, son collègue, lui avait remis les Actes de ces Martyrs pour en

(1) On lit dans la version de Velserus que son mari la conjurait en disant : « Ma bonne Junille, » ma chère épouse, aie pitié de moi, aie pitié de » ton enfant. Pourquoi l'abandonnes-tu? » Elle répondait : « Je suis la mère de mon enfant, mais Dieu » est mon père et mon créateur. Lequel des deux » faut-il préférer de mon enfant ou de mon créa- » teur qui sera aussi mon juge? »

(2) Ces mots ne se trouvent dans aucune version : toutes supposent que le martyre de S.ᵗᵉ Junille eut lieu le même jour que celui des trois SS. Jumeaux.

continuer la rédaction (1), Turbon, déjà ébranlé par ce qu'il avait vu et en-
tendu, est encore animé par l'exemple
d'une jeune femme qui ose s'avouer chrétienne en face des juges et des bourreaux ; Turbon, éclairé des lumières de
la grâce, se convertit aussi. Il fut arrêté
quelque temps après, et termina ses jours
par un glorieux martyre.

Fin de l'histoire du Martyre des SS. Jumeaux.

____

(1) Les Actes du martyre de nos Saints furent
donc en premier lieu rédigés par S.t Turbon. Les
Chrétiens ont pu leur donner plus tard une forme
nouvelle et plus étendue ; mais on peut croire que
la rédaction de S.t Turbon en a toujours fait le fond.

NOTICE

SUR LES RELIQUES ET L'ÉGLISE

DES SS. JUMEAUX.

Les Reliques des SS. Jumeaux ont tou-jours été l'objet d'une grande vénéra-tion.

Dans les premiers siècles de l'Église les Chrétiens célébraient les divins mystères sur le tombeau des Martyrs. Les premiers temples de la Religion s'élevèrent donc autour de leur sépulture, et la pierre même qui recouvrait les Reliques d'un Martyr devenait l'autel sur lequel on offrait le S.ᵗ Sacrifice (1). On croit donc généralement, et il n'y a guères

____

(1) Les premiers Chrétiens se réunissaient pour prier dans des souterrains, où reposaient les corps de leurs Martyrs. C'est là l'origine des chapelles qu'on voit dans les catacombes de Rome, ainsi que des premières Eglises souterraines qu'en France on appelle des cryptes. Il y a une crypte sous l'Église de S.ᵗ Geômes, mais nous n'oserions assigner d'époque à laquelle on puisse la faire remonter : nous affirmons seulement qu'elle est très-ancienne.

lieu d'en douter, que, peu après le martyre des SS. Jumeaux, les fidèles de Langres firent un autel de leur tombeau, et l'environnèrent d'un petit oratoire. Voilà le culte le plus ancien et le plus honorable rendu à leurs précieuses reliques.

Environ 150 ans après leur martyre, lorsque la paix fut rendue à l'Église, les corps de nos Saints furent tirés du souterrain et exposés publiquement à la vénération des fidèles. Pour les placer convenablement on bâtit sur le lieu même une grande Eglise, que les Actes fournis par Warnahaire appelent du nom de Basilique (1). L'exaltation des S.^{tes} Reliques et la dédicace de la Basilique, eut lieu un dix-huit septembre vers l'an 400, et pendant treize siècles, c'est-à-dire jusqu'en 1731, on en fit dans le Diocèse chaque année l'Office anniversaire.

---

(1) Le Cardinal Baronius dit qu'on appelait Basiliques les Églises les plus magnifiques, lorsque par leur magnificence elles surpassaient autant les autres Eglises, que les palais des princes surpassent les maisons des particuliers.

Nous lisons dans les Actes de nos Martyrs qu'il y avait grande affluence des fidèles à la Basilique des SS. Jumeaux ; qu'on accourait de toutes parts pour prier sur leur tombeau ; qu'on y obtenait chaque jour de nouvelles grâces par leur intercession ; que les malades y trouvaient la guérison, les affligés des consolations ; que cette Église devenait riche des dons de la piété et de la reconnaissance.

Les monuments qui nous eussent conservé le précieux souvenir du Clergé attaché à cette Église ont malheureusement été détruits par les guerres, les ravages des barbares et les incendies ; mais on ne saurait douter que dans un temps où le Diocèse de Langres commençait à se peupler de monastères et était illustré par tant de saints personnages (1), il n'y eut

______

(1) On voit dès l'an 440, c'est-à-dire à peu près dès le temps de la dédicace de l'Église des SS. Jumeaux, apparaître dans le Diocèse de Langres l'abbaye de Réomé, bientôt après celle de Molôme, un peu plus tard celle de S.ᵗ Bénigne de Dijon, de S.ᵗ Seine, de S.ᵗ Aventin. On ne trouve rien de précis sur l'origine de celle des SS. Jumeaux, à moins qu'on ne la fasse remonter à la construction même de la Basilique, ce

des Prêtres ou plutôt des Religieux établis sur le lieu qui fut le berceau du christianisme dans nos contrées et préposés à la garde du précieux dépôt des saintes Reliques, objet de la vénération universelle. Aussi l'abbaye des SS. Jumeaux fut-elle sinon la première, du moins une des plus anciennes du Diocèse.

Au commencement du huitième siècle, c'est-à-dire cent ans après Warnahaire, qui nous avait transmis de si précieux détails sur la Basilique des SS. Jumeaux, un événement intéressant attire l'attention sur l'Abbaye. S.t Céolfride, abbé de Wermutheuse en Angleterre,

---

qui paraît assez probable. On honore un grand nombre de Saints du Diocèse, appartenant a une époque assez rapprochée : S.t Apruncule, S.t Grégoire, S.t Tétric, tous trois Évêques de Langres; S.t Jean et S.t Sylvestre, abbés de Réomé; S.te Marthe, S.t Valens; S.t Tranquille et S.t Eustade, abbés de S.t Bénigne; S.t Théophile, S.t Vorle, curé de Marcenay; S.t Valentin, S.t Aventin, S.t Fal, S.te Baudry, S.t Seine; S.t Sigismond et S.t Gontran, rois de Bourgogne, royaume dont notre pays faisait alors partie. Tous ces Saints, qu'on peut regarder comme de notre Diocèse, vivaient sur la fin du cinquième siècle et au commencement du sixième.

allant à Rome en pélerinage avec une troupe nombreuse de moines, meurt le 26 octobre 716, au pied de la montagne de Langres. Le lendemain on l'enterre dans l'Église de l'Abbaye des SS. Jumeaux au milieu de ses propres religieux, de ceux du monastère et d'un grand concours de fidèles. Si un anglais, le vénérable Bède, disciple du Saint, et qui avait assisté en personne aux funérailles, ne nous eût transmis ces particularités, cette histoire eut été perdue pour nous comme celle des autres événements arrivés depuis la fondation de l'Église et de l'Abbaye.

Cependant les édifices construits probablement depuis 400 ans pour protéger les saintes Reliques et abriter les religieux, tombaient en ruine. Vers l'an 830, Albéric, 35.ᵉ Évêque de Langres, les fit rebâtir et compléta, par des Chanoines réguliers, les Religieux qui y faisaient déjà l'Office divin (1) et qui étaient en trop petit nombre.

---

(1) L'Annuaire de la Haute-Marne pour l'an 1809, dit que cet Évêque fit bâtir l'Église telle qu'elle

C'est sans doute par vénération pour

existe aujourd'hui, si ce n'est que, dans ces derniers temps, on a retranché un tiers de sa longueur. La vérité est que nous ne trouvons rien dans l'histoire du pays qui puisse nous faire soupçonner, depuis le temps d'Albéric, une reconstruction de l'Eglise; pourtant les hommes de l'art prononcent sans hésiter que les constructions actuelles sont d'une époque bien postérieure, et probablement du 13.ᵉ siècle. Nous n'avons pas pour but d'entrer dans ces sortes de questions. Quoiqu'il en soit, au 17.ᵉ siècle l'Eglise de S.ᵗ Geômes était ce que dit l'Annuaire; en voici la description tirée d'un manuscrit de 1690.

« L'Église, dit-il, fut rétablie par Albéric; l'on
» doit présumer qu'elle fut rétablie en partie et au
» même état, longueur et largeur que nous la vo-
» yons, ne paraissant par aucun monument qu'on
» l'eut aggrandie ni réparée, sinon la toiture. Cette
» Eglise est construite, toute de pierres de taille,
» en dedans comme en dehors, soutenues de seize
» arcs-boutants, 171 pieds de longueur, 32 de lar-
» geur dans œuvre. La forme de l'Eglise est comme
» les anciennes basiliques; le chœur de 70 pieds
» de longueur; deux chapelles qui font les croisons,
» chacune de 18 pieds de profondeur. Entre la nef
» il y a un vestibule pour la commodité des Cha-
» noines : la nef est la paroisse pour le village : la
» chapelle du côté de l'Épître dédiée à S.ᵗ Pierre,
» en laquelle S.ᵗ Céolfride fut enterré. Le clocher
» sert de vestibule : une belle et haute tour sur la-
» quelle on a placé une aiguille d'un exhaussement
» considérable. Il n'est point en toute la France de
» plus belle maçonnerie de pierres dures et polies
» comme la plus tendre etc. » (du Molinet).

En 1763, le Chapitre des SS. Jumeaux ayant été

le dépôt sacré qu'elle renfermait, que la nouvelle Église des SS. Jumeaux fut choisie pour le lieu d'un concile indiqué à Langres : il s'ouvrit le 19 avril 859, en présence du Roi Charles-le-Chauve, et fut présidé par Remy, Archevêque de Lyon (1).

Quelques années plus tard, le Chapitre des SS. Jumeaux attira la sollicitude de Geilon, Évêque de Langres. Il voulut faire faire le service divin dans cette basilique par les religieux le plus en réputation pour leur régularité et leur sainteté ; il remplaça donc, en 886, par des Bénédictins, les Chanoines réguliers qu'Albéric y avait établis cinquante-six ans auparavant (2).

---

supprimé, la maison que les Chanoines occupaient et l'Église subirent de notables changements. On démolit la partie de l'édifice qui servait à la paroisse, et l'ancien chœur, qui seul fut conservé, devint l'Église paroissiale telle qu'elle est aujourd'hui. La superbe flèche, dont parle le manuscrit précité, fut remplacée par le portail et le chocher actuel.

(1) Il y avait aussi à ce concile Agilmar, Archevêque de Vienne, Ebbon, Évêque de Grenoble et plusieurs autres Évêques du royaume de Bourgogne.

(2) Pour assurer l'existence des Religieux, il leur

Les enfants de S.ᵗ Benoît furent à leur tour, dans le courant du dixième siècle, remplacés par des Chanoines réguliers de l'ordre de S.ᵗ Augustin : ceux-ci demeurèrent préposés à la garde des S.ᵗᵉˢ Reliques et chargés de l'Office divin jusqu'en 1763, époque où l'Abbaye fut supprimée et l'Eglise convertie en simple paroisse.

Par ce précis historique et cette présence constante de Religieux chargés, depuis la fondation de l'Eglise, de veiller au dépôt sacré des précieux restes des Martyrs, on peut juger de la vénération dont ces Reliques saintes furent toujours environnées.

Notre-Seigneur Jésus-Christ, a promis des miracles à la foi. Depuis l'établissement de l'Eglise il a tenu sa pro-

---

donna ses terres de Flagey, Orcevaux, Valpelle, Longeau, la Marnotte, Balesme, S.ᵗ Vallier, S.ᵗ Maurice, Chatenay-Macheron et Corlée. On compte encore parmi les bienfaiteurs de l'Abbaye d'autres Évêques de Langres, Héric en 940, Brunon en 986, Hugues de Breteuil en 1031. Par suite de ces libéralités les Chanoines réguliers qui succédèrent plus tard aux Bénédictins avaient des droits sur les terres de Thivet, Moiron, Lusy et Verbiesles.

messe ; et souvent, en récompensant la foi de ses serviteurs, il s'est plu à établir et à manifester la gloire de ses Saints. Les hommes de foi qui ont opéré des translations de reliques, ou qui y ont assisté, ont bien des fois obtenu des faveurs extraordinaires : et on dit que l'histoire du monastère d'Elvangen en rapporte de très-frappantes, obtenues par l'intercession de nos Martyrs lorsqu'on y transféra une partie de leurs ossements. Les monuments perdus nous privent malheureusement du détail des grâces miraculeuses accordées aux prières et à la foi de nos pères dans l'Église même de S.ᵗ Geômes : il ne nous en reste que ce que nous a transmis un savant et saint religieux (1) dans son *histoire du martyre*

---

(1) Pierre Clément. Voici ce que dit de lui l'Annuaire de 1811 :

« Ce savant Religieux prit naissance dans la ville
» de Langres vers l'an 1590. Il se fit Chanoine ré-
» gulier à S.ᵗ Geômes, et devint Prieur claustral
» de ce monastère en 1719. Les langues hébraïque,
» grecque et latine lui étaient plus familières que la
» langue française. Infatigable, sobre, pieux, il ne
» s'occupait uniquement que de la prière et de l'étude ;
» il était encore grand prédicateur ; dans ses der-
» nières années il redoubla ses austérités et ses pé-
» nitences. »

des trois SS. Jumeaux. Voici des faits dont il a voulu nous laisser la mémoire.

« Quelque temps après que l'Eglise
» de S.ᵗ Geômes, où repose la plus
» grande partie des Reliques des saints
» Martyrs, fut bâtie, un boiteux nom-
» mé Odolric, le mercredi de la semaine
» sainte, ayant fait prier en ce lieu,
» sentit la vertu divine qui redressait sa
» jambe et il retourna, sans bâton dans
» sa maison. Un jeudi, après Pâque, un a-
» veugle et sourd, appelé Beringer, y re-
» çut l'ouïe et la vue. Une petite fille a-
» veugle, nommée Théséline, reçut aussi
» la vue vers le même temps ; la même
» chose est arrivée à une femme, nom-
» mée Constance. Une autre femme
» muette nommée Atale, après une sueur
» universelle, y reçut l'usage de la pa-
» role. Guiburge, femme estropiée des
» deux jambes, ayant persévéré pendant
» quinze jours dans l'Eglise des SS.
» Martyrs, y reçut une parfaite guéri-
» son, et s'en retourna en son lieu sans
» le secours de personne. Un villageois
» qui avait un fils enflé par tout le corps

» et aveugle, ayant laissé son fils près
» de l'autel des SS. Jumeaux, pour al-
» ler mendier son pain, le trouva, à son
» retour, guéri de cette double infir-
» mité. Le boiteux Ebroin, ayant pas-
» sé la nuit de la fête de S.ᵗ Pierre-ès-
» liens en oraison dans l'Église des SS.
» Jumeaux, auprès de leurs Reliques,
» fut entièrement guéri à l'introït de la
» messe, et depuis alla à Rome publiant
» partout ce miracle. Un jeune enfant,
» nommé Bernard, des environs de la
» Saône, était tellement impotent de
» ses membres qu'ils étaient serrés l'un
» contre l'autre, sans pouvoir exercer
» aucun mouvement. Sa mère le fit con-
» duire à la même Église et, l'appro-
» chant de l'autel pendant les matines,
» un doux sommeil le saisit, et à son
» réveil il se leva en jetant un cri de
» joie. Depuis ce temps il eut le manie-
» ment libre de tous ses membres ; et en
» reconnaissance il se mit au service du mo-
» nastère des SS. Jumeaux. Dans la pa-
» roisse même de S.ᵗ Geômes, un servi-
» teur, perclus des deux jambes, après

» quelques dévotions, reçut une parfaite
» guérison. Un nommé Gauthier, affligé
» d'un mal de reins, qui le mettait hors d'é-
» tat de travailler, s'étant fait conduire à
» la même Église, obtint sa guérison : ce
» qui l'engagea à se mettre au service
» des Religieux qui y faisaient l'office. »

La confiance aux Saints amenait habi-
tuellement en pélerinage un concours nombreux de fidèles ; mais dans les temps de
calamités, on descendait la châsse, on l'ex-
posait solennellement à la vénération, on
faisait devant les Reliques des prières publiques pour obtenir la cessation des flé-
aux, et bien des fois on eut lieu de remarquer les effets sensibles de la protection
des saints Martyrs. La ville de Langres,
représentée par ses premiers magistrats,
se transportait quelquefois à S.ᵗ Geômes
pour ces prières solennelles (1). Le cha-

____

(1) On lit dans un manuscrit du 17.ᵉ siècle : « Il a
» toujours été d'usage dans les temps de calamité de
» descendre et exposer les châsses avec la permission
» de l'Evêque, et de faire des prières publiques ; et
» l'on sait que ces actes de Religion ont toujours eu
» un heureux succès par la protection des Saints.
» Des milliers de témoins peuvent encore aujour-

pitre de la Cathédrale s'y rendait en procession chaque année le second jour des
Rogations.

Maintenant que la foi est si fort affai-

» d'hui déposer de cette vérité. » (Antoine Thibaut).
Le même nous apprend que les châsses des SS. Jumeaux et celles des SS. Néon, Turbon, Léonille
et Junille (dont les Reliques alors séparées ont été
depuis réunies dans la même châsse) furent descen-
dues et exposées à la vénération publique depuis le
26 juin jusqu'au 2 juillet 1650 pour demander la
cessation des pluies qui *duraient depuis trois mois,
empêchaient les grains de croître et causaient une
extrême cherté.* On descendit également à Langres,
les châsses de S.ᵗ Didier, de S.ᵗ Grégoire et de S.ᵗ
Gengoulf : et l'auteur du manuscrit ajoute que *les
pluies cessèrent à la satisfaction de tous, ce qui
avança les moissons.*

Nous voyons par d'autres notes (de du Molinet)
qu'on fit encore une exposition des Reliques en 1652.

Nous avons en outre des procès-verbaux très-dé-
taillés de la descente des châsses et de l'exposition
des S.ᵗᵉˢ Reliques à différentes époques : en 1692,
depuis le 13 août jusqu'au 19 par mandement de
M.ᵍⁿᵉᵘʳ Louis-Marie-Armand de Simiane de Gordes,
en présence du corps de ville de la ville de Langres, *à
cause de l'injure du temps et des pluies conti-
nuelles, et il y a eu tous les jours concours de
peuples et procession de toutes parts:* et en 1703, deux
fois, l'une dans le courant de juillet, l'autre pendant huit jours du mois d'août, par ordre de M.ᵍⁿᵉᵘʳ
François-Louis de Clermont-Tonnerre, en présence
du maire et des échevins de la ville de Langres, *pour
implorer de la miséricorde de Dieu un temps propre*

D

blie ; on ne voit plus ce concours, cette affluence d'étrangers, cette présence imposante des magistrats députés par la population d'une ville chrétienne ; toutefois la confiance aux SS. Jumeaux n'est pas anéantie dans le cœur des bons fidèles de S.ᵗ Geômes : ils aiment leurs Saints, ils les vénèrent ; ils exposent chaque année, pendant toute l'octave de leur fête, les précieuses Reliques, avec toute la pompe que permettent leurs modiques ressources. Pendant ces jours surtout, ils donnent des preuves de leur foi, de leur confiance, de leur piété ; ils invoquent avec ferveur l'intercession de leurs glorieux Patrons ; ils aimeront donc à trouver ici une prière qui exprime et résume leurs vœux.

---

pour la conservation et la maturité des biens de la terre : en 1725, dans le courant de juillet, *pour demander à Dieu le beau temps.* L'auteur d'un manuscrit (M. Gousselin) nous transmet quelques détails sur cette dernière cérémonie ; il dit qu'elle se fit en présence du corps de ville, et que les habitants de S.ᵗ Geômes sous les armes sont venus le recevoir jusque près de la Belle-Chapelle et l'ont reconduit de même.

PRIÈRE

AUX

SS. JUMEAUX

SPEUSIPPE, ÉLÉOSIPPE ET MÉLASIPPE,

PREMIERS MARTYRS ET PATRONS DU DIOCÈSE DE

LANGRES,

en présence de leurs Reliques dans l'Église de
St Geômes.

Glorieux Martyrs, qui, si jeunes encore, avez confessé la foi jusqu'à donner votre vie pour J.-C., nous nous réjouissons de ce que le Seigneur, notre Dieu, a bien voulu nous conserver, après tant de siècles et à travers tant de désastres, un si grand nombre de vos saints ossements, pour notre édification et pour la consolation de tout ce Diocèse.

Ah ! puisque c'est sous votre protection que s'est formée cette antique Église de Langres, puisque votre sang a été la première semence des Chrétiens qui l'ont composée depuis dix-sept cents ans, veuillez toujours en être, par votre mé-

D 2

diation, les puissants soutiens. Priez pour l'Évêque qui la gouverne, et pour tous les Prêtres qui y travaillent sous son autorité, afin que, de concert, ils y affermissent et y étendent le règne de Dieu, pour lequel vous avez combattu jusqu'à la mort.

Priez pour les pères et mères, afin qu'à l'exemple de S.ᵗᵉ Léonille, votre bienheureuse aïeule, ils comprennent que l'existence temporelle de leurs enfants n'est rien comparée à leur salut éternel, et afin que, comme elle, ils aiment mieux leur voir perdre la vie, que de les voir commettre le péché.

Priez pour les enfants, afin qu'étudiant l'exemple de votre courage et de votre innocence, ils résistent aux sollicitations des méchants, ils échappent aux embûches du vice, et se conservent purs et sans tache aux yeux du Seigneur.

Enfin, priez pour nous tous, afin que, nous attachant peu aux biens qui passent, nous assurions notre vocation par les bonnes œuvres, et afin que, après avoir honoré vos précieuses Reliques dans leur

état de mort sur la terre, nous les con-
templions glorieuses, et rendues à la vie
éternelle, dans le sein de Dieu, où nous
espérons être avec vous pendant les
siècles des siècles. Ainsi soit-il.

*Fin de la notice sur les Reliques et
l'Église des SS. Jumeaux.*

CONSÉQUENCE PRATIQUE

DES EXEMPLES DES SAINTS.

Nous avons vu avec édification la vie et la mort glorieuse des saints Martyrs. Tous les Chrétiens ne sont pas destinés à de semblables combats, mais tous sont appelés à la sainteté. On se sanctifie par les petits détails de la vie. Les vrais disciples de Jésus-Christ, qui, marchant sur les traces des Saints, désirent avant tout aimer Dieu et le servir, comprennent cette vérité : ces pieux fidèles se trouvent encore en assez bon nombre dans une population simple et chrétienne. C'est à eux que nous offrons un petit règlement de vie. Ils l'accueilleront avec l'esprit de foi qui les anime ; et, dans le désir d'en faire leur profit, ils se l'approprieront. C'est le bon Chrétien qui prend les résolutions qui suivent.

RÈGLEMENT DE VIE

D'UN VRAI FIDÈLE.

En présence de Dieu, qui ne m'a créé

que pour lui, à qui appartient chacun des moments de mon existence, à qui je me dois tout entier, je me propose de suivre en tout sa sainte volonté, et, avec le secours de sa sainte grâce, sous la protection de la très-sainte Vierge et de mes saints Patrons, je veux être fidèle aux règles suivantes.

I.

Le lever et le coucher.

Je dois d'abord employer selon la volonté de Dieu le temps qu'il m'a donné : je me souviendrai donc que même celui du sommeil doit être réglé. Comme l'heure du coucher dépend de l'état de santé, des obligations de l'état etc. chaque jour, en me couchant, je déterminerai le moment du lever (1).

Aussitôt à mon réveil, je ferai le signe de la croix et je dirai : « Mon Dieu, je » vous donne mon cœur ; je vous offre » ma journée. Faites-moi la grâce de ne » pas vous offenser aujourd'hui. »

____

(1) La santé demande ordinairement six heures de sommeil ; elle n'en exige presque jamais plus de huit.

Je me leverai promptement et m'habillerai avec modestie, pensant que Dieu me voit, et me recommandant à la sainte Vierge, à mon Ange gardien et à mes saints Patrons, je prendrai ensuite de l'eau bénite, me mettrai à genoux, me recueillerai un instant pour me pénétrer de cette pensée que *je vais parler à Dieu*, et ferai mes prières avec le plus de modestie, d'attention et de piété que je pourrai. J'y demanderai à Dieu la grâce d'éviter tout péché, et lui dirai : « Mon » Dieu, plutôt mourir que de vous offenser aujourd'hui ! »

Tous les soirs dans ma prière, à laquelle je ne manquerai jamais, je remercierai Dieu des grâces reçues durant le cours de la journée; j'examinerai en quoi j'ai pu l'offenser, j'en ferai un acte de contrition de tout mon cœur, et lui promettrai de le mieux servir.

II.

L'emploi du temps.

Pour bien employer le temps que le bon Dieu m'a donné, je dois ne jamais rester oisif ; mais faire en temps et lieu ce qu'il faut, à l'instant même, sans lâcheté, sans précipitation, avec patience et conformité à la sainte volonté de Dieu, pour sa gloire, en sa sainte présence, en union avec Notre-Seigneur.

Avant mes principales actions, je ferai le signe de la croix ; j'offrirai mon ouvrage à Dieu.

Pendant le travail, je ferai quelques aspirations, de bouche ou de cœur, par exemple : « Mon Dieu, c'est pour vous
» que je travaille : c'est pour expier mes
» péchés — O Jésus ! j'unis mes peines
» aux vôtres — Mon Dieu, je vous de-
» mande pardon....je vous aime.....ayez
» pitié de moi, etc. »

III.

Les exercices de piété.

Je me ferai un bonheur de la pratique fidèle des exercices de piété qui suivent, si la volonté de mes parents ou de mes autres supérieurs, ou d'autres circonstances que je sois obligé de respecter, n'y mettent pas un obstacle. Dans le cas contraire, je me résignerai avec calme, sans humeur et sans murmure, et tâcherai d'y suppléer par les bonnes dispositions de mon cœur.

Tous les jours donc, si je le puis, je ferai dès le matin une petite méditation, par exemple, sur les fins dernières, sur les instructions ou avis entendus le Dimanche, sur quelques circonstances de la vie ou de la passion de Notre-Seigneur. Après l'avoir commencée à genoux et dans le recueillement, je pourrai la continuer en travaillant, mais sans que l'ouvrage en souffre, et même sans que les personnes qui m'environnent s'en aperçoivent.

Si les circonstances me privent du grand avantage d'assister chaque jour à la sainte Messe, de faire une visite au très-saint Sacrement, je ferai ces choses en esprit et de cœur, et ne manquerai pas à la communion spirituelle, en disant :
« Mon Dieu, je vous aime de tout mon
» cœur, et je désire ardemment de vous
» recevoir. Accordez-moi les mêmes
» grâces que si j'avais le bonheur de
» communier réellement. »

Si je le puis, je réciterai chaque jour le chapelet; il peut se dire en allant et en venant. Si, par extraordinaire, cette pratique m'était impossible; ces jours là même, je ne me coucherai jamais sans avoir adressé quelques prières à la sainte Vierge.

IV.

Les conversations et les rapports avec le monde.

Puissé-je faire toujours aimer la Religion par la pratique de la douceur, de la patience; par la bonté du caractère, l'égalité d'âme, l'humilité, et toutes les autres vertus!

Je tâcherai de ne point parler des autres si ce n'est pour en dire du bien, les défendre, excuser leurs défauts.

J'éviterai de parler de moi ou de ma famille, soit en bien soit en mal.

Je veillerai sur moi-même pour éviter la joie excessive et les ris immodérés, pour éviter aussi la tristesse et un air qui déplaise aux autres.

Je veux être simple sans aucune affectation, ni dans mon langage, ni dans mes manières, ni dans mes habillements, ni dans ma conduite.

V.

Les Sacrements.

Je recourerai aux Sacrements quand je sentirai que mon âme en a besoin (1). Je ferai ma confession avec la préparation que requiert cette grande action : je demanderai la contrition, et m'y exciterai de mon mieux.

La confession sera courte quoique allant jusqu'au fond du cœur et surtout à la racine du mal : attachement aux créatures, attachement à moi-même, attachement à tout ce qui n'est pas Dieu etc.

Pour la sainte communion, je n'oublierai pas qu'elle est la nourriture de mon âme, et je m'efforcerai de mériter de recevoir souvent ce divin aliment. Ensuite par ma modestie et toute ma conduite, je tâcherai de montrer que Jésus-Christ vit et règne véritablement en moi.

____

(1) Les vrais fidèles passent rarement un mois sans se confesser. Un grand nombre éprouve le besoin de le faire plus souvent.

VI.

Le Dimanche.

Je me souviendrai que le jour du Dimanche est le jour du Seigneur, et que je le dois passer plus saintement que les autres.

J'assisterai avec recueillement aux saints Offices, aux instructions ; je rendrai visite à Notre-Seigneur dans le sacrement de son amour ; je ferai quelques pieuses lectures, et, si je le puis, quelques bonnes œuvres, comme serait la visite des malades ; je m'examinerai sur la manière dont j'aurai passé la semaine ; je prendrai des résolutions pour mieux passer la suivante.

J'aurai toujours devant les yeux que c'est le jour d'un saint repos et non celui d'un travail mercenaire ; j'éviterai surtout avec grand soin le péché et les occasions du péché.

VII.

Chaque année.

Je prendrai chaque année deux jours

E

pour me préparer à la mort : ce moment redoutable approche. Je me transporterai en esprit au tribunal du souverain juge, et je ferai ce jour là ce que je voudrais avoir fait s'il était dans sa volonté de m'appeler à lui.

Ces jours de préparation à la mort seront la veille de l'anniversaire de mon baptême et de celui de ma première communion.

Je redoublerai de soin pour bien faire la sainte communion :

1.° Le jour anniversaire de mon baptême ;

2.° Le jour anniversaire de ma première communion ;

3.° Le jour de la fête de mon saint Patron.

VIII.

Défiance de moi-même et confiance en Dieu.

Mais comme de moi-même je ne puis absolument rien, je conjure instamment le Seigneur, qui donne le vouloir et le faire, de m'accorder la grâce d'être constamment fidèle à toutes ces règles.

Je l'en conjure par l'intercession de la très-sainte Vierge, aux pieds de laquelle je dépose ces résolutions, la priant de vouloir bien les agréer et les présenter elle-même à son divin Fils.

Ce petit règlement résume et vous rappelle les saints avis des directeurs de vos âmes. Marchez jusqu'à la fin avec docilité dans cette voie, c'est celle qu'ont suivie les Saints, c'est celle du salut ; c'est celle du bonheur de cette vie et surtout du bonheur de l'éternité.

FAVEURS ACCORDÉES PAR LES SOUVERAINS PONTIFES A L'EGLISE DES SS. JUMEAUX.

INDULGENCE PLÉNIÈRE, à la Fête des SS. Jumeaux, à Noël, à Pâques, à l'Assomption et à la Toussaint, en vertu d'un Rescrit dont nous allons mettre la traduction à la suite de la supplique.

SUPPLIQUE. TRÈS-SAINT PÈRE,
Jean FAVREL, Curé de l'Eglise des SS. JUMEAUX, dans le Diocèse de Langres, prosterné aux pieds de votre SAINTETÉ, la supplie humblement à l'effet d'obtenir l'INDULGENCE PLÉNIÈRE, à gagner par tous ceux qui visiteront ladite Eglise les jours de la Fête desdits Patrons, et aussi à Noël, à la Résurrection de Notre-Seigneur, à l'Assomption de la B. Vierge Marie, et à la Toussaint, pourvu qu'ils remplissent les conditions prescrites.

RESCRIT. De l'audience de SA SAINTETÉ.
Notre très-saint Père le Pape Grégoire XVI a bénignement accordé l'INDULGENCE PLÉNIÈRE, tant pour le

jour de la Fête des SS. Patrons de l'Eglise exprimée dans la supplique, que pour les solennités suivantes, savoir : Noël, le St Dimanche de Pâques, l'Assomption de la B. Vierge Marie, et la Fête de tous les Saints, à gagner depuis les premières Vêpres jusqu'au coucher du soleil desdits jours, par tous les Fidèles de l'un et de l'autre sexe, pourvu que, s'étant confessés et nourris de la sainte Communion, ils visitent ladite Eglise et y prient Dieu avec piété, quelque espace de temps, selon les intentions de SA SAINTETÉ. Le présent devant valoir à perpétuité sans qu'il soit besoin de l'expédition d'un Bref.

Donné à Rome, à la Secrétairerie de la sacrée Congrégation des Indulgences, le 23 mai 1842.

Signé : J. CARDINAL BRIGNOLE, Pro-Préfet.

APPROBATION DE Mgr L'ÉVÊQUE DE LANGRES.

Nous avons vu le Rescrit ci-dessus : nous le déclarons authentique, et invitons les Fidèles à profiter des grâces précieuses qu'il met à leur disposition.

Langres, le 24 septembre 1844.

Signé : † P.-L., ÉVÊQUE DE LANGRES.

Il y a en outre dans cette Eglise quatre Confréries canoniquement érigées, savoir : du SACRÉ-COEUR, du SAINT ROSAIRE, du SAINT SCAPULAIRE et de SAINTE PHILOMÈNE. Toutes sont favorisées d'un grand nombre d'Indulgences. Les deux premières sont affiliées aux Archiconfréries de Rome. Celle du saint Rosaire et celle de sainte Philomène jouissent de la faveur de l'autel privilégié : c'est-à-dire que tout Prêtre qui célèbre, dans l'Eglise des SS. Jumeaux, la sainte Messe pour un Confrère défunt, peut lui appliquer l'Indulgence plénière.

FIN.

Langres, Laurent fils et compagnie, imprimeurs de l'Évêché.